中国浅绛彩瓷

赵自强

责任编辑　　庄嘉怡
摄　　影　　陈志安等
版式设计　　姚敏苏
装帧设计　　周小玮

图书在版编目（CIP）数据

中国浅绛彩瓷/梁基永编著.-北京：文物出版社，
2000.3（2002.7 重印）

ISBN 7-5010-1186-9

Ⅰ.中…　Ⅱ.梁…　Ⅲ.彩饰，浅绛-瓷器(考古)
-中国　Ⅳ. K876.3

中国版本图书馆 CIP 数据核字(1999)第 50496 号

中国浅绛彩瓷

梁基永　编

*

文物出版社出版发行

北京五四大街 29 号

Http://www.wenwu.com

E-mail:web@wenwu.com

北京利丰雅高电分制版有限公司制版

北京美通印刷有限公司印刷

新华书店经销

787×1092　1/16　印张：6.75

2000 年 3 月第一版　2002 年 7 月第二次印刷

ISBN 7-5010-1186-9/K · 488　定价：90 元

目　　录

文物爱好者、陶瓷界在解放前后，对"中国浅绛彩瓷"这个课题进行研究探索者不多，而近年在香港等地，却已有学者及专家展开这方面的研究，国内的收藏界也开始注意到这时期的瓷器，因此出版《中国浅绛彩瓷》这本书对社会无疑也是一项奉献。对于清代美术史研究者，也不无裨益。

收集、研究浅绛彩器亦有相当难度，这是因为浅绛彩是低温彩，易于脱落，保存极难，至今色彩保存完好的已是凤毛麟角，而以前的古玩家又视其为强弩之末不予重视。文献记载更少之又少，作者经数年业余时间搜集资料，并进行深入研究，系统总结，这实是难能可贵的探索精神，有幸第一个拜读他的大作，我很高兴。作者文章分为三部分写成，内容翔实，又图文并茂，我相信国内浅绛彩瓷的研究，从此不再是一片空白了。

国家文物鉴定委员会委员　赵自强

有关《中国浅绛彩瓷》

为《中国浅绛彩瓷》这本书写序，内心充满了温馨。

作者梁基永君，出生于广州一世家，其家族在清末以经营外销瓷著称。自幼受家庭熏陶，喜爱书画、文玩之类。他在大学管理系毕业后，任报社记者。梁君擅长书画，业余时间笃嗜艺术品收藏，所蓄书画、陶瓷之中不乏精品、珍品。他为了充实自己的鉴赏水平，除了饱览群书、刻苦钻研外，并能不耻下问，虚心求教。去年秋天，余应邀到广州博物馆授课，我们有缘结下了师生之谊。不论在课堂之中，还是在下榻的宾馆里，他善于抓住机遇，问这道那，不放过任何一点点更新知识的机会。从那之后，这位把成长、进步作为一生追求的年轻人，给我留下了难忘的印象。

瓷器是我国的伟大发明之一。它为全人类文明作出了卓越的贡献。在历史的长河中，名窑辈出，多姿多彩。中国瓷器艺术的成就，是在满足实用需求的基础上，逐渐向美化装饰方面发展的。而融艺术性、观赏性、知识性为一体的彩绘瓷，色彩缤纷，丰富多变，在瓷器工艺领域里独树一帜。早在魏、晋初期，由南方创烧出的一件釉下彩绘羽化升仙图盖罐，就已受到海内外陶瓷考古工作者的赞叹。后经唐、宋两代长沙窑、磁州窑能工巧匠的努力，彩绘瓷技艺得到了蓬勃发展。乃至明清，景德镇的匠师们在总结前人经验的基础上，博采众长，使彩绘瓷技艺更有了长足的进步，呈现出品种繁多、流光溢彩的局面。呈色菁秀典雅、画面生动活泼的青花，独领风骚，风靡中外；斗彩、粉彩、珐琅彩则是嫣艳浓丽、美不胜收。进入晚清咸丰、同治年间，别具一格的浅绛彩脱颖而出。它以古雅秀柔的风采跻立于群芳之中，像一束耀眼的光芒，给瓷艺百花苑里增添了一道异彩，不仅受到当代人的青睐，而且对以后民国时期的瓷绘艺术产生了深远的影响。

仪态万千的瓷绘艺术，往往表达了一定的哲学情思，文学气息与绘画神韵。它和书画艺术一样，具有抒情表意的作用。

必须首肯，民间艺术是一切艺术的根。古老的瓷绘艺术也不例外，它起源于民间，流传于民间。代代相传，延绵发展，成为中华民族源远流长的一份精神财富。然而，在我们这个文明古国里，瓷绘艺术一直处于不被世人重视的地位。这是由于长期以来士大夫文人们把它看作是匠人的"雕虫小技"，不屑一顾，以致使杰出的瓷绘艺术及其作者，名不见经传，价不重艺林。更有甚者，不少优秀绝技，寂寂无闻，自生自灭。这实在是古往今来一大憾事。

各种门类的艺术，从某种意义讲，相互间都具有息息相关的共同语言。瓷绘艺术亦是如此。其共同基础，就是我国悠久而博大的传统文化。清末盛行的这种浅绛彩瓷绘，可以说源自元代大画家黄公望的画法，以水墨和淡色釉彩绘画装饰，色调浅淡儒雅。在绘画题材上，又大量使用宋元以来纸、绢绘画为粉本，而且都在画上落下自己的名款和雅号，并题有诗词和年号。这种与纸绢书画相通的作法大大地提高了瓷器中的文化气息。擅长此法之绘瓷名家记载于文献的有王廷佐、金品卿、程门等人。而梁君此书更钩沉出许多不见于经传的绘瓷名手，使其彰显于艺林。本书收入的几件画坛名宿的瓷画，对于研究瓷器与画史都是珍贵的实物资料，从中也可见出作者的苦心。

《中国浅绛彩瓷》旨在弘扬中国古代瓷绘艺术，篇幅虽不多，但这是迄今第一本研究、探索瓷绘绝技——浅绛彩的专著。它的出版对于陶瓷界、美术界同好，确是一件值得庆贺的幸事。

国家文物鉴定委员会委员
南 京 博 物 院 研 究 员　　张浦生

前　言

　　瓷器是我国历史最悠久的艺术门类之一，每个朝代、每个时期的瓷器，都或多或少地受社会风尚、民间喜好的影响，从而形成了自己独有的特式。在我国陶瓷装饰历史发展的长河中，浅绛彩瓷兴起的时间实在是微不足道——短短的六七十年间便走完了它的历程。它不像青花、粉彩那样流传广远，名播寰宇，在今天，它仍未得到足够的重视与研究，其受瞩目的程度甚至比不上广东石湾陶器这样的地方窑。

　　浅绛彩只不过是瓷艺长河中的一朵浪花。然而，它兴起的意义与影响却是重要的。它首次大规模地结合诗书画于瓷器之上，促进艺人对书法、文学的理解，使瓷画真正与传统的中国画大规模结合，开创了全新的瓷画面貌。正如刘新园先生所指出的"毫无夸张地说，晚清浅绛彩艺人是景德镇近现代彩瓷风格的开创者"。

　　寂园叟《匋雅》中说："画纸绢者不屑于画瓷也，而能画瓷者，又往往不能画纸绢"。这里"不屑"二字指出历代均视画瓷为手工艺人活计，士大夫们是不肯为的。虽然在雍乾年间也有宫廷画师如蒋廷锡（字酉君，1669—1732 年）等奉旨参与御用瓷画的创作，却并没有在瓷器上留下自己的名款，哪怕是像他们在其它纸绢上作画那般署"臣某某恭绘"也没有。而浅绛彩瓷的作画者，很多是有一定修养的文人，甚至有知名的书法家、画家，如黄士陵、张熊等，在这点上确实是"前无古人"。

　　浅绛彩在绘瓷艺术上的另一创举是，它打破了从前瓷绘工细、繁复的路子，从师法宋院的工致转而师法元人的空灵、雅淡。"浅绛"这词于中国画上原就是指元代以黄公望为代表的山水写意风格，用于此是非常恰当的。这种"写意"很使人联想起明末的青花，同样是草草逸笔，同样处于一个王朝的末世，两者的崛起，这之间颇耐人寻味。但相较之下浅绛彩更接近传统中国画，它的线条，用笔与纸绢绘画毫无二致，如果说明末青花瓷画还是"工艺"，那么浅绛瓷画更接近于"艺术"。它的出现使士大夫们耳目一新，并使官窑纹饰显得陈旧而繁冗。于是，浅绛彩瓷瞬即风行一时，成为当时官僚、富商们置于厅堂及案头的玩物。

刘新园先生并指出，"晚清浅绛只在文化较高的中小官僚阶层中流传，而未能进入宫廷成为皇家的赏玩对象"。① 但这市场已相当巨大及可观，因此流传至今的浅绛彩瓷器数量甚多，当然水平亦有高下之别。而当时较知名之画工作品，价格虽不得其详，但根据其流传情况仍可推测。如本书所选汪藩《拜石图》帽筒及许达生《松鹤》水盂分别属清宫太子少保邓华熙及资政大夫梁大镛之旧藏，此二人皆是广州知名的官僚及富商。可见当时浅绛彩瓷在国内已远销至各省并广受社会上层人士及士大夫的喜爱。

尽管浅绛彩瓷风行了数十年，其间亦不乏名家作手，但这几十年中以文人画彩瓷知名者，至今仍无法作翔实的统计。江西省轻工业厅陶瓷研究所编著的《景德镇陶瓷史稿》（三联书店一九五九年版）记述自程门至五十年代以前的新派彩瓷名家不到二十人。而且其中仅得三数人是浅绛彩名家，其中除程门、王少维与金品卿这"三大家"外其余均难述其详。

浅绛彩瓷的一大缺陷是彩料不易保存，容易磨损，保存至今而不掉彩的少之又少，故不被收藏家们重视，而这也是它被民国时期进口颜料（高温彩）所取代的原因。浅绛彩艺人们的事迹亦很快被湮没，乃至于不可考，这更是憾事。现时国内所出版有关清代彩瓷的书籍，谈到乾嘉之后往往就说乏善可陈，不愿多谈光绪至宣统时强弩之末的粉彩，更遑论浅绛彩。论及民国"珠山八友"近代彩绘

---

① 《景德镇近代陶人录》，本书所引刘氏所述除特别说明者外，均引自此书，不再注释。

的人现在也多起来，但浅绛彩这一近代彩绘的先驱却仍未得到重视和研究。香港关善明博士于1990年间在香港艺术馆举办了一次规模较大的二十世纪前期瓷器展，并由香港市政局出版了大型画册《瓷艺与画艺》一书。此书是近年唯一谈及浅绛彩瓷的书，但亦仅占其中极小篇幅（此书着重讨论民国"珠山八友"之画艺）。

　　笔者的爱好是明清书画的研究，偶然的机缘使我对浅绛彩瓷产生浓厚兴趣，并开始着手收集有关史料及实物。本书所收录的包括瓷器原件照片和其他藏家提供的照片及罕见的浅绛彩画家所作纸绢画等，都源自数年间的积累，并且收录有数十位浅绛彩艺人的简单介绍，略略填补了这方面的一些缺憾。

　　我确信，若不假以时日及时整理介绍这朵瓷艺长河中小小的"浪花"，其真面貌将更湮没无存。同时，浅绛彩实际上也是清代书画美术的一个分支，并与其它艺术门类有着密切的联系。去年笔者曾就浅绛彩的起源向著名陶瓷专家耿宝昌先生请教。耿老指出了浅绛彩与"海派"绘画的紧密关系，从而使此书的内容增加了几分重要。由于笔者并非研究陶瓷的"科班"出身，或许会更多地偏向于从"瓷"与"画"的关系去探讨，只希冀更多的专家、学者及爱好人士能藉此引发对浅绛彩瓷的关注与研究，那么本书的目的也就达到了。

梁基永

1998.12.

浅绛彩瓷综述

梁基永

第一章　浅绛彩瓷及其发展史

一、浅绛彩概念

"浅绛"原是中国画术语，指以水墨勾画轮廓并略加皴擦，以淡赭（有时也加以花青等冷色彩）为主渲染而成的山水画。这种画法起源于元代（公元 1271—1368 年），其代表人物是黄公望（字子久）。而陶瓷界所说的"浅绛"，是专有名词，指晚清至民国初年流行的一种以浓淡相间的黑色釉上彩料，在白瓷胎上绘出花纹，再染以淡赭和水绿、草绿、淡蓝及紫等色彩，经低温（650—700℃）烧成，其绘画效果与纸绢之浅绛画近似，故曰："浅绛彩"。

现在古玩界中，习惯称浅绛彩为"软彩"，大概是因为它的烧成温度较低，彩易剥落有关。与之相对的是康乾年间色彩斑斓的"硬彩"。现时上海、苏州等地文物商店中此类瓷器的标签就写"软彩"。但在民国时期或更早的时候，"软彩"并不指浅绛彩而是指"粉彩"。《匋雅》卷上："康熙彩硬，雍正彩软，软彩者，粉彩也，彩之有粉者，红为淡红，绿为淡绿，故曰软也，蓝黄亦然"。这里明确指出康熙五彩之类为硬彩，粉彩为软彩。因此笔者亦认为所称浅绛彩为"软彩"之说并不科学，概念易与"粉彩"混淆。

从烧制工艺角度看，浅绛彩所用之彩料与粉彩大致相近，烧成温度也一致，然而它们之间仍有质的区别，据刘新园先生《景德镇近代陶人录》所言两者区别如下：

（1）粉彩所用之黑料为纯度较高的钴土矿，工匠们为了把钴料牢固地粘在瓷胎之上，在画线处盖以"雪白"（一种透明的铅质料）烧成。而浅绛彩所用黑料，称之为"粉料"（即在钴土矿中加入铅粉配制而成），由于粉料含铅，纹样画出后不用"雪白"覆盖便能烧成。故粉彩之黑线深而亮，浅绛之黑线浅而淡。由于浅绛所用之料烧成效果酷似水墨，故别有韵味。

（2）粉彩填色之前，需先在瓷胎上涂一层玻璃白（一种含砷的不透明的白色料），再在玻璃白上填色渲染。浅绛彩不用玻璃白而是将淡矾红、水绿等彩直接画上瓷胎，故粉彩有渲染，浅绛则无，粉彩色层厚而浅绛色层薄。

（3）晚清粉彩艺人由于分工细，文化程度较低，故多数人只能专工一种题材。浅绛艺人则有较高的文化素养，多数都兼能山水、人物、花鸟、虫鱼，而绝无专工一门者。

（4）清末官窑粉彩由宫中发样，工匠按样照描，描完后交填色工填色（即清人唐英所谓"一其手而不分其心也"），故很难表现艺人的个性。浅绛艺人是从图稿设计、勾画到渲染皆由一人完成，能自由地表达画者的个性，因而粉彩为局部工人分工合作之物，而浅绛则为文化较高的艺人们得心应手之作。所以粉彩板，而浅绛活。

（5）晚清粉彩多取自前代瓷器图案，但浅绛则多借宋、元以来的文人画稿，故粉彩"工"而浅绛"放"。

刘新园先生所列的五点从质料及形式上很清楚地区分了浅绛及粉彩两者的异同，然而笔者认为还应加上重要的一点：浅绛彩瓷绝大部分有作者的题字、题诗或署款，这是陶瓷史上革命性的创举。因为它首次使中国画自宋元以来形成的"诗书画"一体的优良传统表现于瓷器上，其文化气息更加浓郁，也为近现代的新粉彩瓷创造了新模式。

众所周知，自唐代长沙窑起艺人们已有在陶瓷上书写的先例，明清彩瓷上也有此例。如清代珐琅瓷上亦见有"御书"题诗。但前代陶瓷器上的书法均无作者署款，"御书"也是极个别的例外，而在浅绛彩瓷上，题款却是普遍的现象。这表明，一方面传统诗书画一体的文化逐渐影响到其他姐妹艺术，甚至出现了单纯书法的瓷艺作品（见后章节）。另一方面，随着近代文人参与瓷器创作，画瓷者表现与突出自我的欲念强烈。并且也与近代要求平等、求新求变等西方观念影响有关。

当时人们称这种在瓷器上绘画的新鲜事物为"新派艺术"，相对而言青花与粉彩则是"旧派艺术"或"匠派艺术"。并认为只有"新派"艺人才能算是"美术家"。① 毫无疑问，浅绛彩应算是十九世纪末至二十世纪初景德镇瓷器最富创新精神、最具代表性的制品。

二、浅绛彩的起源——道光咸丰时期

尽管大部分的浅绛彩器上留有作者的款识和年代，但目前仍无

① 向焜《景德镇陶业纪事》

法具体断定它诞生于何朝何年，像其他瓷器一样，它也有一个变种与蜕化的过程。刘新园先生曾说所见最早的一件有纪年的浅绛彩瓷是程门于 1855 乙卯年（咸丰五年）的白瓷花耳扁壶（藏安徽省婺源县文管所）。实际上此种"纪年"仅限于极少数知其生卒年的画家，例如画家程门卒于 1908 年前，否则无从推知"乙卯"是 1855 年还是 1915 年。笔者认为，推断浅绛彩瓷产生于道光末年（即 1835 年至 1850 年前后）应是比较可信的，因为其一，大部分浅绛彩釉面呈细微波浪状起伏。称"橘皮釉"，这是道光时期釉的特色。其二，浅绛彩人物画中，明显受道光时期盛行的"无双谱"人物的影响，无论衣冠、神态都可以看出无双谱的影子。再者，道光年间开始，文人士大夫在文玩上自行设计与制作已不是新鲜事，称著者，有陈鸿寿（字曼生，卒于 1822 年）自制的紫砂"曼生壶"及瞿应绍（字子冶，卒于 1849 年）所制"子冶壶"等，因此文人画家在瓷器上别出新意也就是顺理成章的事。

海上画派的崛起，大致与此同时，张熊（字子祥）于咸丰六年丙辰（1856 年）所绘《四清图》瓷板（图版 1），时年已五十三岁，在海上画坛已有一定地位，因此他早些时还可能曾作有瓷板。《花开册页》（图版 2）为张氏于道光癸卯（1843 年）所绘，两者风格极为相似。由于有了像张熊这样名画家的推动，浅绛彩器立即博得士大夫阶层的喜爱，而形成了后来的鼎盛局面，程门、张熊等是这一时期的代表性作者。

三、浅绛彩的盛行——同治光绪时期

从同治元年（1862 年）至光绪三十四年（1908 年）是浅绛彩的"黄金时期"。这时名家辈出，蔚然成风。以程门、王少维、金品卿、程盈、程言等为代表的名手留下不少佳作，其他一些画艺高超的作者将在后面篇章中谈及。这一时期画坛上由海派占据了主导地位，以"四任"为代表的画家们将中国画与西洋技法融会成一种新的艺术风格。其赋彩鲜丽多变，题材多为吉庆寓意，显示出其浓厚的"市场味"，这种风气和倾向也在浅绛彩中反映出来，两者之间很多题材均惊人地相似。浅绛彩也从供观赏的瓷板、扁壶之类转向日常用品，如帽筒、水盂、印盒、花盆乃至烛台、箸筒等，几乎覆盖了整个日用瓷器领域，真正风行一时。

在流俗影响下，一些非绘瓷专业的名家也加入到创作中来，如篆刻一派宗师黄士陵、山水画家吴待秋等，浅绛彩器书画水平因此达到空前高度，足可媲美纸绢丹青，而纯粹的浅绛彩书法作品也出现了。

浅绛彩器此时身价不菲，虽然无法确知其"润例"，但本书收录的汪藩《拜石图》与许达生《松鹤图》都流传有绪，出于著名官商巨宅。一些器物上的"某某堂藏"则说明是专门订制的器皿，详见后章。

四、浅绛彩蜕变时期——宣统与民国初年

浅绛彩在光绪至宣统时期大放异彩，实际上还包含另一种因素：国势日衰，百业不景，当时连官窑亦节约，自咸丰以后，很多难烧的色釉均已停烧，或用其他色釉替代，如豇豆红、年红、苹果绿等。这类彩釉的暂时沉寂，给了浅绛彩发展的空间。但它的缺点是易于磨损，色泽不鲜，即如黑色也仅是深灰而不是像墨那样黑得发亮，未免过于"淡雅"。时至民国初，各类陶瓷学校、研究所和私人都致力于复烧各种彩釉，对浅绛彩最大影响的则是洋彩（即高温粉彩）的输入。《景德镇瓷业史》说："此外有洋彩，系外国传来之饰瓷方法，为时约在清光绪之际（非乾隆时之洋彩），其颜色鲜艳，绘画手续比较简单，现在景德镇很盛行，此种颜料先多由德国输入，近来全为日本货。"这种彩由于颜色鲜丽，变化层次感很丰富，很快地便取代了浅绛彩的地位。民国著名的"珠山八友"之首王琦于1927年所作的《盟鸥图》（图版33），图中老者衣冠的变化、色彩过渡鲜明而微妙，相比起程门所作的《随梅得意》帽筒上的人物，确实是一大进步，因此浅绛不可避免地为新粉彩所取代。"珠山八友"中的某些名家王琦、汪平、刘雨岑等，早年都画过浅绛，其他民国时的粉彩名家，他们的画风也或多或少地受浅绛技法影响。目前虽然尚未能确认署款最晚期的浅绛彩瓷，但至迟到1925年左右，浅绛彩便已完全为粉彩所代替。但是，浅绛彩的技法与创造力并未随之消失，而是被"珠山八友"为首的艺人成功地继承、发扬下去，其影响至今未绝，只不过作为一种彩釉，已完成了它的使命，数十年间景德镇再也无人作浅绛彩瓷。

本书收录的"民国七年戊午（1918年）"款的"江西瓷业公司"制盖碗是民国初典型的浅绛彩，色泽更偏雅淡，但胎则接近民国"玉绫窑"，与前期的橘皮釉不同，属最晚期浅绛彩典型器。

与此大致同时，曾盛极一时的海上画派也到了强弩之末，海派最后的巨擘吴昌硕于1927年在上海逝世，此后的海上画坛，日渐式微，走向衰败。浅绛彩与海派绘画两种艺术，命运如此相似，结合又如此紧密的现象，在中国陶瓷与绘画的发展史上，再也找不出第二例。

第二章　浅绛彩绘名家

　　浅绛彩绘艺人不同于前代的瓷器工匠，最大的区别是浅绛彩艺人均具有多方面修养，画科亦能多种，多数且能诗擅书，自然，水平尚有高下之别。现按前、后两期分别介绍彩绘名家。除现有史料记载者外，并挑选一部分水平高、作品流传较多的艺人作介绍，部分资料简略者，则置于文后"彩绘人名录"中简介。

一　前期名家

张　熊

　　张熊（1803—1886 年），字子祥，别号鸳湖外史，浙江秀水（今嘉兴）人，流寓上海。他早年即在上海附近卖画为生，与早期海派画家周闲、王礼、朱梦庐等交游，又享高寿，光绪中叶方下世，而彼时正是海派绘画全盛时期。任伯年等对他以前辈视之，称为"社长老伯"。其平生以花鸟最著称，赋色浓而不烈，娇媚似王武。

　　张熊所作浅绛绘现时仅发现一件，弥足珍贵，可视为海派绘画与浅绛彩绘姊妹艺术关系的铁证。这件《四清图》瓷板题署"暗香生腊序，明月记前身。丙辰仲冬月，张子祥写。"丙辰即咸丰六年（1856 年），张熊时年五十三岁，正当盛年。图中意境悠闲清寂，红白两色梅花从右下逶迤至左上，构成完美的"开合"构图，树下文石水仙，以双钩画就，一丝不苟，梅枝掩映下用青色烘染出一轮满月。全图方尺之地，画如许景物而不觉挤逼，构图奇特而平衡，非名家手笔不能臻此。《花卉册页》（图版 2）为张熊于道光癸卯年（1843 年）所作，现为上海博物馆所藏，由此可以清楚看出两者风格的一致。咸丰二年（1852 年）蒋宝龄所著《墨林今话》中介绍上海画家仅十余人，其中就有张熊，可知其时他已成名，绘制瓷板并非为生计。

程门及其门族

　　程门（1833—1908 年前），原名增培，字松生，号雪笠、笠道人，安徽黟县五都田段村人，是浅绛彩绘艺术的集大成者，被视为浅绛彩绘的开创领袖。

　　程门的生卒年一向未能确认。1995 年，笔者在广州一收藏家手中得见程门《秋林放鹤图》瓷板，上署"己丑夏笠道人时年五十有

六","己丑"即光绪十五年（1889 年），按此可推知程门生年当在
1833 或 1834 年。至于卒年，由张鸣珂《寒松阁谈艺琐录》中记载：
"程雪笠（名）门，安徽歙县人，工山水花开，尝客景德镇画瓷器，
有得一杯一碗者皆球璧视之，尝以七寸瓶画青花寒松阁图见贻，嘱
题其山水小册，予每页作五绝一首。后雪笠辞世，其画册有人出重价
购去，亦可谓具大法眼藏矣。"（民国十三年上海文明书局线装本卷
四）。此书完成于光绪三十四年（1908 年），故程门卒年应在此前。

《黟县四志·人物志》中另记有："程门，又名增培，字松生，
一字雪笠，五都田段人，幼聪慧，工书善画，作行书随意为之，有
不衫不履游行自如之致。画尤精妙绝伦，凡山水、人物、花开以至
虫、鱼、鸟兽兼擅其长，其得力于唐宋元明及国初诸大名家者甚
深，故所谓直到古人。咸同时名噪大江南北，赏鉴家得其片幅零缣
什袭藏之，杜工部所谓'贵戚权门得笔迹，始觉屏障生光辉'传世
无疑。子名言，字次笠者，工山水，潇洒出尘；名盈，字小松者，
工仕女，风神映丽，各秉庭训，得其一艺之长，均在江西景德镇以
画瓷资生，所画瓷品迄今犹名贵也。后桂林人程士芬、碧山人汪棣
效法之，亦有声。"（民国十二年木刻本）

这两份史书资料中后者尤可贵，它不仅记录了清末浅绛彩流行
时"权门贵戚"争藏名家作品以装点宅居的真实情况，还记下了程
门子嗣的一些线索。另外，刘新园考证程门应为安徽黟县而非《谈
艺录》所言歙县，是为录误。从《谈艺录》可知程门还能画青花
（高温釉下彩），可惜无作品传世。

程门山水的作品水平较高，现时留存的数量甚多，国内大型博
物馆及文物店多有。其山水取法元人及清初四王，他之所以取得浅
绛彩宗师地位，笔者认为与其独特的绘画技法有关。在瓷板上作
画，并不完全与纸绢一样可以皴和擦，瓷板则受限制，以往画瓷者
多不取偏锋而仅以较细的勾勒方法画石（如张熊即是）。程门则大
胆运用偏锋连勾带皴，带来更近于文人画的写意效果，为浅绛开一
新面。同时，一些颜色釉的运用，是传统国画所不敢用的，例如
《云山飞瀑》（图版 3）中近坡与中景平原上的浅草绿即是。程门在
浅绛山水中运用笔墨的功夫是当时绘瓷界无人能及的，完全表现了
文人山水画中以笔墨取胜的工夫。程自号"松生"，对山水中的苍
松有特殊爱好，许多山水中都有松的形象，又爱以红或青色作点景
人物，以取得"万绿丛中一点红"的意境，亦使"画眼"更突出，
如《水阁松风》瓷板（图版 4）就是一例。

程门除山水外还兼擅多门，他于光绪十三年（1887 年）"丁亥
秋"所作的四面画帽筒（图版 7）中（原藏苏州市文物店），分别画
了雨景山水、人物、花鸟及清供。其中，人物画面为《随梅得意

图》，作一高士在童子搀扶下到崖边探梅，高士注视童子手中折下的梅枝，面露得色，而童子则以手拱袖作畏寒状，表情生动，展现了程门高超的人物画功夫。

程门毕生勤奋创作，留下作品为数不少，从最早作于咸丰五年（1855 年，时年 22 岁）的扁壶（见前章述）到光绪初年，所作当以千计。留存至今也有一些罕见的绘于纸绢的画作，《花卉册》（图版 6）其中的两开，《松寿图》自题"墨井道人（按即吴历，清初著名山水画家）双松图……曾同琴庵、秋原环观数过，笔法挺秀如是。"可见他与其他文人画家一样，重视临摹继承古人的精粹。程门诗文书法造诣均高，行书远宗李北海，于瓷画上所画印章也极精美。他与许多文人、书画家（如张鸣珂）时相往还，张的《寒松阁谈艺琐录》是介绍海派画家生平及特长的书，将其收入无疑也是对程门在海派中地位的肯定。

《黟县四志》记程门有二子，即程言与程盈。

程言，字次笠，工画山水人物，安徽省博物馆藏有景德镇河东河西二图卷，为其所绘，笔墨苍莽，而城郭舟车，负载往来，人物小如芥子亦各具神态。笔者又曾见其山水人物绢本团扇，人物骑马负担者亦曲尽其妙。所画山水中坡地及远山均以浅草绿染就，即以浅绛瓷赋彩法移入纸绢之中。

程盈，字小松，原名曾盈，一字湘生，工画仕女，与其父兄同以画瓷为业，安徽省博物馆藏其《仕女图》，款字湘生。程盈所绘《罗浮香梦图》（图版 9），画一仕女于梅石间拈花微笑，神情像改琦画风。题诗后署款"湘生程曾盈"并钤"湘生"朱文小印，书法酷肖其父，从此图中可以想见其仕女瓷画。黟县文管所藏一蟠耳扁瓶《清流濯足图》，款"程荣"并有"小松"朱印，刘新园据此认为"程荣"与"程盈"可能为同一人，但未找到其他佐证。

传世浅绛彩绘中有程素年绘《水村图》（图版 10）瓷板一件，其款识与程门的《云山飞瀑》完全一致，细看画之构图亦与前者近似，但艺术水平明显差了一截，如山石树桠等均不及程门笔墨有力及缺少文人画味。程素年很可能是程门的后裔族人。这件瓷板对反映程氏一门画风的衍变甚有价值。

至于程门的学生，据县志记有桂林人程士芬及碧山人汪棣，桂林与碧山均为黟县境内之村名。程士芬生平与作品不详。汪棣则见下章详述。

金品卿与王少维
金品卿与王少维是与程门齐名的"三大浅绛名家"，生卒年均不详，活跃于同治——光绪年间（1862—1908年）。金品卿名诰，字品卿，号寒峰山人，黟县人，擅长绘浅绛山水及花鸟人物，山水仿明沈周、文征明一路（图版11《茂林修竹图》瓷板），花鸟则学蒋廷锡、邹一桂工细的路子（图版12《秋葵麻雀图》瓷盘），亦工行书，宗法二王。

王少维名廷佐，以字行，安徽泾县人，生卒年不详，活跃于同治——光绪年间（1862—1908年）。擅浅绛山水与人物，尚能写肖像，又以画猴著称。据刘新园氏所记金品卿存世主要作品九件，王少维主要作品八件，其中出自同治年间景德镇御厂总办李瀛洲（又名正凤，浮梁界田人）家传的有数件，李氏后人并回忆金、王二人于同治、光绪年间均在御窑供职，时称两人为"御厂两支笔"。而光绪到宣统年御厂总办王文宜之孙亦有言证实"品卿、少维为御厂两支笔"。香港关善明博士藏王少维画山水瓷板上款署"写于珠山南麓之半弓园"，王少维《拜石图》（图版14）款署"写于珠山东麓之静得所居"。这里所注"南麓"与"东麓"不同于其他器物上常见的"写于珠山"，而是具体到某一处。按刘新园的考证，珠山即为今日景德镇中心地区，靠近市府一带，是同治、光绪年间御厂厂署所在地，这"半弓园"与"静得所居"应该是御厂的两处轩堂，可知金、王两人确曾在御厂供职。

王少维所作山水四方小壶（图版15）署"王少维"三字并画有"吴人"白文小印，看来对他的籍贯尚有待考究。《景德镇陶瓷史稿》称"继王廷佐而起的为金品卿"，刘新园认为"就流存的金、王作品题记来看，金的作品在同治及光绪前期，王少维有题记的为光绪十一年，尚未见有同治时题款，看来金可能稍早于王，或为同一时期画人。"从《拜石图》的年款"癸酉春月"即同治十二年（1873年）看，王完全与金为同时代画人。刘新园先生又说王可能不擅书法。看来也非确论。苏州文物店藏王少维山水提梁壶、本书收录的《拜石图》帽筒及香港关氏所藏瓷板，多有题字，书法亦流畅可爱。

《拜石图》上署"抚曾布臣画意"，"曾"指明末著名画家曾鲸（字波臣，1568—1650），以参西法画人物著称，而又能"写真"，与同期海派名家任伯年（1840—1896）的人物有同工之妙，"拜石"也是海派画家喜好的题材之一。王少维的花鸟较少见，可能逊色于金品卿，但人物则胜于程门与金。

俞子明

俞子明字静山，室名友竹山房、友竹轩，从其部分作品底款"同治"及晚年作于"癸卯"（1903年）大瓶推断，其活跃时间大概与金、王两家同期。俞擅画人物与花鸟，又工行书与篆书。俞所作人物与程门等人以写意用笔取胜不同，他受民间绘画影响较深，人物纹饰繁富，多画神仙题材。

俞子明制《女魁星像》莲瓣大瓶（图版 16），高达 80 厘米，属罕见的大型浅绛彩器。魁星是民间崇祀的文运之神，司科举之业，在明清两代都是瓷器上经常绘画的神。而此瓶图中却以女性形象出现，一改以往横眉怒目的男性凶相，但仍是一手持朱笔一手持斗，一足着地，面目慈祥，衣饰华美，身上缨络飞飘，渲染出动感。环绕着她的是众神，包括福禄寿三星、太上老君、女娲、麻姑等。魁星身后是仙山楼阁，山石用笔有别于程门一派山水，染以浅褚及淡草绿。全图丰润华丽，作于"癸卯（即光绪二十九年，1903 年）夏月"，可说是浅绛彩全盛期的代表作品。又题"仿天笃山人笔法"，"天笃山人"是康涛（活跃于雍乾年间的著名仕女画家）的号。无论是学康涛还是学曾鲸，都表明浅绛彩画家善于从前人书画作品中汲取营养。这也是清代文人画的惯常题法，从而显示他们的作品更近于画家画而有别于工匠画。

俞子明除人物外，亦画花鸟，《国色天香》笔筒（图版 17）作于"辛未"（同治十年，1871 年），图右上的小鸟显得生动而有动感。另外的小品两款（图版 18），在寸许小碟内作花鸟，很具宋人小品的意趣，尤其是较小的一件，内容丰富而不繁杂，枝上的白头翁寥寥几笔即跃然欲飞。俞子明又工篆书及行书，《女魁星图》大瓶的另一面，有金文及其释文多字，其行书有董其昌风范。

汪 藩

汪藩字介眉，活跃于同治光绪之间（1862—1908 年），擅人物及花鸟。他的流传作品较多，有"辛巳（光绪七年，1881 年）冬月"款，名款多署"介眉"，题材以人物最多见。他对人物的处理手法与王少维不同，《拜石图》帽筒（图版 19）图中人物衣纹袍发均一丝不苟，甚至身上的佩饰及衣履上繁杂的绣花也一一画出，这种刻意工描很接近海派四任所喜爱的陈洪绶式的工笔人物。与人物相映成趣的是庭院中巨石及杂树的写意笔法。汪的写意花卉也有很高造诣。所绘花卉象耳方琮式瓶（图版 20），两面画梅花及绶带鸟，一梅一绶（寿），暗寓他名字中"以介眉寿"的用意。无锡市文物商店藏有一件与之相同的方琮瓶，可能原属一对。汪又善书，上述《拜石图》与《眉寿图》均有其行书长题，学二王面貌。汪藩存世最重要的作品是四联屏山水花鸟书法，共十二件，为"丙戌（1886年）冬于松竹轩"作，今藏广东省文物总店。

汪友棠（汪棣）

《黟县四志》（民国十二年本）中曾记程门有学生"碧山人汪棣。"刘新园在《景德镇近代陶人录》中收有"汪晓棠（1885—1924年）即汪棣，又名汪棣华，字晓棠，江西婺源县叶村人。"粗看便似继程门而起的汪棣。但刘又引汪晓棠儿媳回忆说"（汪）少时在杭州以绘制纸绢团、折扇为生。光绪宣统之际，因妻投水自尽，避祸景德镇自学彩瓷。"笔者按"光宣之际"即1908至1909年前后，但按前述程门至迟在1908年前便已作古。更何况记汪晓棠籍贯在江西婺源，与《黟县四志》所记为黟县碧山相左，因此笔者考证，两个"汪棣"非同一人。"碧山汪棣"应是汪友棠。《黄山画人录》引《西西斋随笔》记："汪棣字友棠，好读书，尤长于画，挟技遨游南北，人珍其画争礼之。曾于屯溪老街茂槐商号见友棠设色花鸟四屏，常见清末瓷器画署'汪友棠画于珠山'者风格与余所见四屏极似，似为一人也。"西西斋主的估计应是正确的。

现时流传汪友棠的瓷画确实不少，证实《黟县志》所谓有声于时是实情。汪于己亥（即光绪二十五年，1899年）作《富贵寿考》瓷板（图片21），"富贵寿考"是唐代名将郭子仪的故事，图中郭子仪着红袍，执玉如意，衣饰华贵，笑容可掬，两童子分持牡丹及笏板，寓意富贵。其人物形貌刻画似俞子明一路。汪亦能作山水，广东省文物店藏有他所作《烟雨图》笔筒，近程门横笔点苔风格。

许达生

许达生生卒不详，约活跃于光绪后期至宣统年间（1900至1911年），未见有民国年款作品。现时流存许的作品有一特点即瓷胎特别细腻而洁白，异于其他艺人作浅绛彩瓷，他的《苍松老鹤》图原藏于广州西关梁资政第，由此大概可以推断许达生是属较高级的画瓷艺人，他的《春山图》瓜棱提梁小壶（图版23）更是薄如纸白如玉，温润可爱。

许达生兼擅山水、花鸟、人物，山水清丽，意境开阔，所绘松鹤、雀鸟与海派诸家不分伯仲。许的人物作品，笔者仅见一印泥盒，绘仕女支颐坐于石上，有改琦一派的神韵。他的行书很有骨力，似受成亲王（爱新觉罗·永瑆，1752—1823年）影响较深。

任焕章

任焕章字巍山，室名"南樵书屋"，工绘人物及花鸟。他的花鸟作品神趣生动，用笔迅疾有金石气，与其善书不无关系。又工人物，笔者曾见其所作《李白爱酒》及《茂叔爱莲》两件瓷板，人物近王少维一路。他的行书奇崛回腕，仿何绍基（字子贞，1799—

1873 年），为浅绛艺人中罕见。

高心田

　　高心田留存的作品中有"己亥"（1899 年）、"癸卯"（1903 年）等款，可知也是同治、光绪年间活跃的画人。他能于同一器物的各面分别作人物、山水、花卉等，属多面手，而以山水水平较高。"癸卯"年所作《夏山孤亭》瓷盘（图版 25），色彩和谐丰富，意境幽远沉静，令人尘念顿消。另一件《杖藜图》瓷碟（图版 26）则有重要意义：探此盘与"珠山八友"以山水著称的汪平（野亭）所作同样题材的山水瓷瓶（见图版 35，香港关善明博士藏）对照，两者的师承关系便一目了然了，高画中山石的皴法、青绿的运用及树杈的出枝、红叶的点缀都可以在汪野亭的山水中找到影子。甚至两件器物的题识都完全相同，书法亦很相像。高的作品有"光绪年制"底款，当然比汪早得多。汪的粉彩青绿山水，向来被视为民国及当代新粉彩瓷画的创新，现在看来，实汲取营养于浅绛彩山水。高心田的这件作品对探究浅绛山水与新粉彩山水有极重要的意义。

汪　章

　　汪章字汉云，以人物著称，安徽人，活跃于光绪末及民国初年（1900 至 1920 年前后）。《吹箫仕女图》瓷瓶（图版 27），画一妙龄少女正手持玉箫独立于柳树下，美目顾盼，神情若有遐思，令人怜爱。画艺在浅绛艺人中罕有其匹。图中柳树以翠绿点染，占了画面大部分空间，其色鲜而不燥，恰如其分地描画出一位弱不禁风的美人，色彩、神态、用笔几乎达到完美的程度，代表了浅绛瓷绘仕女画的最高水平。笔者还曾见汪章所绘另一件《泛槎图》插屏，款署"岁在壬辰（1892 年）之秋仿晓香外史笔法于昌江青云轩，汉云汪章写意。"此为汪章晚清时的作品。

余焕文与潘植南

　　余焕文与潘植南均为仕女画的高手。余焕文作品较多，一般仅署"余焕文作"等字。潘植南字小山，所作多有行书长款，有时也仅署"小山氏"，并能画花鸟及山水。图版为余焕文所绘《溪山兰若图》瓷瓶（图版 28），瓶底有青花双圈足，形制力仿康熙时式。浅绛山水设色淡雅，点有浅绛彩罕见的粉红作桃花。这件器物表明浅绛彩器中曾经流行仿古的式样。

黄士陵

　　黄士陵（1849—1908 年）字牧父，安徽黟县人，清末著名的金石篆刻家、书画家，地位几与吴昌硕相埒，是"粤派"篆刻的始祖。黄士陵不是专业的浅绛彩画家，像张熊一样属于"偶一为之"，但瓷绘造诣极深。黄士陵绘 有帽筒一对，器上分别画《松寿图》及《椿龄八百图》（图版 29、30）。《松寿图》画一仙鹤立于古松下，松枝如冠盖，树下有灵芝仙草。《椿龄八百图》画一对喜鹊于老柏间和鸣，下有文石修竹，意境清幽。两图用笔富金石气，与书法同出一辙。

两器分别有行书两段，参照黄士陵同期的行楷（图版 31），可以看出同出一手。他的《松寿图》一侧款为"乡先辈云吾乡有半个伊尹，谓其一介不以与人者。育万侄一介不以取诸人，亦半个伊尹也，而又好礼让，故作此以赠之，族叔士陵"，下画"士陵"白文印。《椿龄八百图》一侧款为"仁者寿，博爱之谓仁，好礼让则其流也。辛巳夏五月"，下有"牧父"朱文小印。"辛巳"为光绪七年（1881 年），按黄士陵于 1882 年时第一次从南昌到广州，则 1881 年很可能在南昌或景德镇逗留，因此画了此对帽筒寄赠其族侄育万，时黄士陵年三十二岁，正是其书法、篆刻走向纯熟之时，当时他的成名作《心经印谱》已问世，在书画圈中正崭露头角。但黄士陵到广州后，便以篆刻书法为主，间中参以西法画些鼎彝之类，再也没有作浅绛彩。因此这对帽筒弥足珍贵，证明了当时文士画家亦以画瓷作趣尚。

二、后期名家

潘匋宇

潘匋宇（1887—1926 年）字鼎钧，室名"古欢"，号澹湖外史，江西鄱阳人，1911 年后任江西省立甲种工业窑业学校图画教师。"珠山八友"中的汪野亭、程意亭、刘雨岑均出其门下。潘于执教之余常到景德镇画彩瓷，擅画粉彩小件。目前尚未见到潘所作浅绛彩瓷，但师从潘的汪野亭等及与潘同期的汪晓棠都曾画浅绛，因此潘在早年时亦会有浅绛画之基础及书法等方面的艺术修养。

汪晓棠

汪晓棠名棣，又名汪棣华（1885—1924 年），参见前述"汪友棠"介绍。江西婺源叶村人，少时在杭州以绘制折扇为生。光绪、宣统之际到景德镇自学彩瓷，由于有极好的造型能力与较高书法素养，所作瓷画均出手不凡，以致一些著名瓷画艺人王大凡等均出其门下。汪擅长仕女，所作姿态轻盈，设色淡雅而精细，论者以为可称瓷坛之改琦，但流传浅绛作品甚稀，仍以新粉彩为主。

王　琦

王琦（1884—1937 年），号碧珍，又号陶迷道人，江西新建县人。十七岁到景德镇，以捏面人为生计，后学画瓷板像，并以海派名家钱慧安的仕女画为蓝本作瓷画。其肖像画亦受各界欢迎。1916年浮梁县知事程安曾题"神乎技矣"之匾悬于王琦画室。其声名遂大噪，民国八年（1919 年）向焯在《景德镇陶业纪事》下篇中曾盛称王琦之画像为现今美术家中之表表者。

王琦后来成为著名的粉彩艺术家团体"珠山八友"的首领，成就最高，影响也最大。他在早年曾画肖像画，但流传绝稀，连研究其作品多年的刘新园亦"未能得见"。王琦所绘《老妇人像》瓷板（图版 32），仅于左下角画"王琦"朱白文小印（王的早年作品均不署款）。图中妇人面相明显参用钱慧安式的"西法"，有明暗凹凸之效果。衣纹皱折也有明暗对比。王琦和前辈浅绛艺人一样，从海派大家汲取营养，转形为瓷绘艺术的新面貌。也许是王琦认识到浅绛彩瓷艺术的魅力还在于书法诗词修养的体现，其晚年作品多用流畅的行草题款。王琦于"丁卯"（1927 年）所作《盟鸥图》瓷板（图版 33）即以流利酣畅的书法，苍劲的人物线条，鲜丽的赋彩，似乎告诉观者浅绛彩并没有真正消亡，只不过脱胎换骨成为新一代粉彩瓷画而已。另可看出王琦的艺术，明显受"扬州八怪"中的黄慎（1687—1768 年后）影响。

汪野亭

汪野亭（1884—1942），原名平，号传芳居士，江西乐平县人。1906 年就读于江西省立窑业学堂，从张晓耕、潘匋宇学花鸟，后改学山水，早期作品受程门一派浅绛法影响。后用钴彩绘山水，是为粉彩青绿山水，对今日瓷绘有重大影响。

汪是"珠山八友"中以作山水最著名，在前篇"高心田"一节中已探讨过他们之间的承袭关系。汪早年所作《烟雨图》浅绛瓷瓶（图版 34），可以看出他糅合了程门与高心田的树石画法已初具自己面目。

王大凡

王大凡名堃（1888—1961 年），号希平居士，安徽黟县人。王大凡少年时就到景德镇学绘浅绛彩人物，拜汪晓棠为师并转而攻画粉彩。1958 年景德镇陶瓷馆编的《瓷都陶瓷艺术家》一书中《老当益壮的名画家王大凡》一文称王"早期作浅绛（瓷）画，"未见流存作品，存世者以粉彩人物居多。

吴待秋

　　吴待秋（1878—1949 年）原名澂，别号抱鋗居士，浙江崇德
人，其父为海派画家吴滔（字伯滔，1840—1895 年），幼承家学，
以山水著称。吴待秋所绘《夏日山居图》瓷盘（图版 36），画无年
款，约作于光绪晚年，时吴约二十岁左右，上款题赠"秀山夫子"，
可能是学艺的老师，下款署"受业吴澂敬赠"，山水较文气，山石
皴纹较复杂，近吴滔画风。吴出身海派世家，这件瓷画对探索后期
浅绛与海派绘画的关系亦有意义。

王　震

　　王震（1867—1938 年），字一亭，号白龙山人，与吴昌硕友善，
工书画，花果人物无所不能，笔风雄浑大气，为吴昌硕后之海派领
袖。本书民国初年所绘《秋实图》瓷杯（图版 38），是祝贺其友人
连奎先生之子新婚贺礼。画秋实两枚，虽系随意挥洒小品，却仍表
现出鲜明的个人风格。尽管用的是高温彩，但它的意义在于说明了
海派艺人对瓷绘的钟爱并未因浅绛彩式微而中止，而是在粉彩上继
续发挥。落款为"一双两好，连奎先生文郎燕喜，一亭画兼巢题。"
下有"沈卫"白文小印。沈卫，字兼巢（1862—1945 年），浙江嘉
兴人，光绪进士，官至陕西学政，善诗文书法，晚年居沪鬻书，推
为翰苑巨擘。

　　另一侧题篆书"珠联璧合"四字，款为"连奎先生令郎吉席，
陆余安堂谨赠，王西神题。"王西神，字莼农（1884—1942 年），上
海《小说月报》主笔，工诗文，书名很高。以上三人均为民国初年
海上书画闻人，同在一小杯上作书画，极有意思，并也说明了浅绛
彩时期所形成的流风是如何衍化而蜕变的。

附：江西瓷业公司

　　江西瓷业公司是 1910（宣统二年）至 1949 年景德镇最有影响的一所官商合办瓷厂，由同盟
会员祁门人康达主理。该公司网罗一大批瓷绘高手参与制作，其中包括浅绛彩绘艺人，有"当代
官窑"之称，一些清末国礼瓷及御用瓷具由该公司包揽。该公司于"民国戊午"（1918 年）为
"岳松氏"制的浅绛盖碗（图版 37），是现时发现有具体年款的最晚浅绛彩器，可惜无作画者名
款。

第三章　浅绛彩瓷画科、款识、形制及其他

本章探讨浅绛彩瓷的几类绘画题材，及其与海派绘画的关系。其后介绍浅绛瓷的几种主要形制、款印及色釉等问题。

一、浅绛彩绘画科

山水类

毫无疑问浅绛彩成就最高的画科是山水，三大名家中程门开创了浅绛山水画的新面目，金品卿与王少维均擅山水，虽然偶作花鸟人物，但成就不及山水。

浅绛山水画程门可谓宗师，他于瓷胎上运笔线条跌宕沉稳，设色清丽，构图疏朗，用传统国画评语就是充满"浑厚华滋"的感觉，另一过人之处是程门诗文修养甚高，所作多有题咏，如"闲坐临溪阁，松声吼碧涛"、"烟树云山看不了，抱来焦尾末须弹"等，构成了画面诗书画合璧的境界。金品卿与王少维则诗文修养稍逊，少维笔力又似强于金。如帽筒《拜石图》中之巨石，王少维以准确肯定的用笔画出了石的质感与清奇之状。

由于山水画最易体现文人情趣，因此对笔墨功夫及诗文要求较高，而浅绛画家们也并非人人具有这样的修养。程、王、金三人之后，浅绛名家们的山水并不能超越前人且有程式化及退步倾向，例如高心田的山水，其山石树木用笔就明显不及程门，仅以色彩取胜。

浅绛山水一般取林亭幽静一类的小景，点景人物用红色或青色，取其醒目，人物多作曳杖、携琴之类的雅事，程门画中多有乘舟人物，而各家几乎均用一层赭石，一层花青以示远山的层次感。

花鸟清供类

花鸟画取材多是吉庆祥瑞的寓意，这与海派花鸟画很相似，甚至两者所作的花鸟都惊人地类同：鸟类画鹦鹉、绶带、仙鹤、喜鹊，花卉画紫藤、梅兰、松竹、牡丹、柳树等，均为迎合市民的欣赏趣味。其中紫藤与绿鹦鹉是海派画家所最钟爱的题材，在程门所作的四面画帽筒中就有一面画紫藤绿鹦。浅绛彩由于受材料影响，花卉着色不会太鲜艳，因此牡丹、荷花等都画得较小。但艺术家们的创造力并未因此受到限制，他们选取木本团簇状花卉作对象，如紫薇、桃花，同样取得很好效果。如许达生就曾画过《双紫图》，并题杜甫"独立黄昏谁是伴，紫薇花伴紫薇郎"之句，很富诗意。

从吟香居士所绘棒槌瓶《桃花绿鹦图》（图版 42），与海派名家朱偁（1826—1900 年）所绘册页《绿鹦鹉图》（图版 43），可以看出两者的取材及构图意境都非常相像。

清供与博古是明清二代流行的绘画内容，画古董瓶皿鼎彝及喻意吉庆的花卉。海派画家中任伯年、吴昌硕均喜作此题材。浅绛花鸟中也有类似画面如程门的《清供图》，另外端午节所用的"天中五瑞"是清供之一种，也常见于浅绛及海派画中，寓意祓除不祥。

人物类

人物类可分成两种，一是肖像画，一是人物画。肖像画者必力求细意描绘，非浅绛所长。前述王少维曾画有《李瀛洲课子图》，可见王亦擅于瓷板上写真。王琦早年所画的《老妇人像》，用笔及明暗表现已是明显的参用西法。肖像画在浅绛瓷中极为罕见。

人物画也可分成两类，即单纯人像及历史题材画。人像画如仕女图，多画少女沉思、吹箫、春困、弹琴等情景，装束都是中上人家打扮，多不带侍女。其造型面容细长，神态娴静。多仿效道光年间著名人物画家改琦（字伯蕴，号七芗，1773—1828 年）的风格。《匋雅》云"康窑山水似王石谷，雍窑花卉似恽南田，康窑人物似陈老莲，道光窑人物似改七芗。"《匋雅》又云"历朝画瓷人物，其面目神采，大抵相同。缘当时画手不过一二人，惜姓氏不传耳，至运笔不同，代有宗派，不独石树花鸟，颇分王（石谷）恽（寿平）也。"浅绛彩仕女可以说都笼罩在改琦的人物风格之下。

人像画还有高士图一种颇常见，人物通常坐于石畔树际，或垂钓抚琴，总之是优悠闲在的神态，亦常有童子一人随侍。据了解浅绛彩绘只画童子，未见画婴戏图之类的儿童题材。

至于历史题材画，多有典故可查。如前述郭子仪为题的《大富贵亦寿考》，及俞子明作《女魁星像》都是寓意吉祥。更多的则取材古人清高的雅尚，如米南宫爱石、陶渊明爱菊、羲之爱鹅等。

海派绘画与以"八怪"为首的扬州画派有很深的渊源关系。浅绛艺人也有师法"八怪"的。后期的王琦就明显仿效黄慎。"八怪"中黄慎所作人物最有独到之处，其线条的顿挫、神态的勾勒很具特色，在浅绛人物画中也时常可见黄慎式人物衣纹的影子，唯王琦的作品中更加明显而已。人物的服色，多数用红、青、紫三色，受材料的限制，多不会画得很细致。偶有例外，如汪藩、俞子明的人物即是。

书法类

在瓷器上作书法起源很早，唐代长沙窑上即有整首诗作装饰的。到了清代，书法往往只作瓷器上的局部装饰。例如，人物画屏风上的题诗，或作图题的几个字，如"富贵白头"、"松龄鹤寿"等。浅绛彩瓷上的书法也是多姿多彩，往往像纸绢绘画一样是诗文与书法、篆印兼美。

程门、金品卿、王少维、任焕章、许达生等人，都在绘事之余兼工书法，大多以行书用于署款。整体看来，不脱董（其昌）赵（子昂）一路，这与整个清代早、中期行书走势相似。而"当红"的书家会对书坛有广泛的影响，例如，许达生楷书似成亲王，任焕章行书类何绍基。

清代嘉道之际，在阮元（1764—1849 年）等人倡导下，研究金石碑版成为文士的风尚，一时间金文篆隶成为流行的题材及装饰，这种风气也影响到浅绛瓷。俞子明所作《女魁星》图一侧就有金文书法及释文，录自阮元《积古斋钟鼎款识》。后来则流行起用金文来装饰浅绛彩器，往往是茶壶或花瓶一侧绘画，一侧就用金文（通常是红色作书）写上一行或一圈篆书作装饰。较简单的，只写"子孙永享"之类 吉祥语。这种风尚至民国末年仍流行着。浅绛器上所书金文因书者文化修养不高往往比较稚拙天真，缺少沉厚古朴之趣。在浅绛瓷上作书的金石大家，首推黄士陵。因为瓷胎面较滑，又不像纸面那样平整并方圆无定，在上面写字有一定难度。黄士陵所写的行书，文气连贯，错落有致，书艺熟练高超。说到篆印，艺人们还常常在署款后"画印"（在不平的瓷胎面无法盖印），即用矾红将印文画上去。这方面的好手是程门，他"画"的印有"笠道人"、"松生"、"门"等朱、白文多种，鲜有重复的，线条平整、纤细，与在金石上镌刻者无异，显示了他多方面的修养。此外像王少维、黄士陵等都是"画"印高手。功夫差一些的，有时不"画"姓名字号，仅以一"印"字代替。

在浅绛上留书的尚有另一位名士。在香港关善明所藏金品卿《茂林修竹图》瓷板上，有这样一段题记："……此夥山品卿居士以珠山瓷笺写寄吾宗逢卿刺史（者）……光绪三年丁丑暮春之初愚见而动幽情书此订再畅叙，丹臣凤池。"下画"太史氏"及"丹臣"印，书法流畅秀逸，极见《兰亭》风致。句中"瓷笺"二字其雅趣可掬。笔者又从广州私人收藏的一件王少维《采芝图》方瓶上见到这位"丹臣"所书的两面行书。从署款可知"凤池"是名，且还是"太史"（即翰林编修），于是检《明清进士题名碑》，果然得其实。此君姓王，名凤池，湖北兴国州人，同治四年二甲第七十二名进士。他与金、王两位艺人的交情看来不一般，书法也有很高造诣。

二、浅绛彩瓷款识

这里的"款识"仅指底款，而不是瓷面上书画家的题款与钤

（实际是画）印。

浅绛彩底款较简单，笔者将其分为两类。

（1）年号款

年号款多用矾红直接篆书于器底，目前仅见"同治"及"光绪"两朝年号。"同治"款出现较多，如俞子明作小碟上均书"同治"朱文小印，带边框。光绪年间款多写"光绪年制"字样，有的带边框，也有不用框的。帽筒、花瓶之类多不带底款，只有碟、水盂、笔筒等才带底款。

（2）室名款

室名款即以斋（室）堂馆所名书款，可分为两类。

一是制作者斋名。如俞子明笔筒上书"友竹轩作"。较特别的是任焕章的《松鹤图》笔筒，底款为浅刻在胎上的阳文"心萱堂印"四字。

另一种是收藏印，这表明在当时收藏浅绛彩瓷是一种时尚。如程门《携琴观瀑图》花盆底款"筱园珍藏"，同样的底款亦出现于香港关善明所藏程门山水瓷瓶之上，这"筱园"大概是程门山水的忠实爱好者。另外王少维山水小方壶（图版15）上也有"靠苍阁藏"底款。

除此外还有个别用青花作底款的，如"江西瓷业公司"。另有用青花作双圈仿康熙款，如余焕文所作山水小瓶（图版28），是少见的例子。

三、浅绛彩瓷形制

浅绛彩瓷的最盛时期即同光之际，几乎可以说占领了整个日用瓷的范畴，比继之而起的民国时期新粉彩广泛得多。此仅介绍几种较常见的器物类型及特点。

瓷板　瓷板的用途为纯装饰性的瓷画，大约正德年间已出现，属瓷器中少有不具任何实用性的器物。浅绛瓷既以绘画见长，瓷板的表现自然是多姿多彩，无妙不具。瓷板的尺寸，按清末民初间的"瓷画润例"看，从六寸到三尺都有，而传世的浅绛彩瓷板多为30至40厘米宽，40至50厘米高。厚度有两种，一种称厚片，约6至8厘米，一种称薄片，仅3至5厘米。一般说瓷片越大则越厚，为不致变形。瓷板以方形为主，但也有特殊的，如扇形，《枫林夕照图》（图版39），其构图也有相应变化。还有一种较常见的是圆形，直径在20至30厘米之间。瓷板一般镶以木屏置厅堂条案上作装饰，也有用作家具上的镶嵌，如笔者就见过用于镶在床罩两侧的雀替型瓷板，绘对称的山水。薄而小的瓷板，通常平置于窑中烧制，故底面有时会有"砂底"。中型及一尺以上的大片，烧制时背后多加助条以防变形，故背面有等距凸起的长条胎骨。

瓶类 清末流行较大型（80 至 100 厘米以上）的花瓶，却极少浅绛彩器，这与浅绛彩较适合作写意画有关，因写意瓷画放大后效果不好，且浅绛胜在"浅"，放大后会感觉不精神。俞子明《女魁星图》属罕见的例子。浅绛彩器中较流行的是琮式瓶（图版 20），这种瓶以外形像玉器中的"琮"得名，四面方而颈脚圆，往往左右两侧有象耳铺首，寓意"万年有象"。通常是正背两侧作画，左右两侧作书法。此外还有棒槌瓶、胆瓶等，均以小件为主。

帽筒 流传至今的浅绛彩瓷器中帽筒的数量也许比任何一类器物都多。帽筒的作用，是为放置瓜皮帽或官帽之用。此器的出现应不早于乾隆初年，而它的大兴是在嘉道年之后，又以同光年间最流行，通常是一对（也有单个摆设的）放置于厅室中，供客人放帽。帽筒高度都在 30 厘米左右，以圆形为主，也有六角或方形的，有的还在各面开窗作透气和装饰用。圆形的帽筒多数画面集中在一侧（因另一侧靠墙不便于欣赏），方形的则面面有画或书法。王少维《拜石图》是处理较成功的一例，在六角形的三个面中分绘怪石、高士及树木流泉，各面既相连又独立成画，筒上"开窗"恰好位于画中巨石下部，仿佛是石的洞眼，可谓匠心高妙。汪藩《拜石图》帽筒原藏于清末太子少保邓华熙（1826—1916 年）家中，可见当时上层官僚亦以收藏浅绛彩瓷为时尚。

文房用具 文房用具与文士生活最为接近，浅绛彩瓷中包括有很多这类小玩意，如笔筒、水盂、笔架、印盒等。笔筒大者直径可达 20 厘米左右，小者直径有不足 10 厘米的。一侧绘画一侧书法居多。印盒也很常见，常画仕女、山水及花鸟，便于把玩。

食具及茶具 浅绛彩食具之中以汤盆数量最多，一般为圆形直身，高约 6 至 10 厘米，两侧有铜耳，厚胎，上有盖。这种食具流行于咸同年间，多是一侧作书法一侧绘画，也有一侧山水一侧花鸟的。碗则以六角棱形碗为典型，这种碗胎釉均厚，高足，多带同治款。扁平的碟类较少见。茶具类以茶壶、茶盘及盖盅为大宗。茶壶有六角、方形、瓜棱等各种，茶壶的流与盖齐平为多，多数会有底款。茶盘是承茶盅的器物，多为椭圆形或正圆形，边高 1 至 2 厘米，内绘山水或仕女，一般为露胎及砂底。盖盅是清末流行的茶具，由盖、盅及水底三部分组成，讲究的浅绛彩盖盅三者上都有绘画。

其他生活用具 浅绛彩所制的其他器具还有很多，仅举几例。箸筒是流行于清末的厨房用品，用以放筷子及勺类，有单筒及双筒几种，多画花卉及仕女。祭器类有香炉、烛台（图版 40）、香匙等，讲究的每面有不同绘画，很具欣赏及实用价值。洁具类常见的有盂及脸盆。瓷脸盆也是清末独有的，外形就像一顶向天仰放的礼帽，有一道外撇的边沿，绘画多在内壁。有一种形制较小的是洗手用的，款识偶有写在瓷盆边沿上，使画面构图更有趣味。

浅绛彩瓷器物有一些典型的特点，简介如下：

（一）光绪年之前，方形及棱形的器物（包括瓷片）多为"米汤釉"，这种釉以微微起伏的波浪形纹为特色，始于道光朝。

（二）多数器物胎都较厚，白釉白度普遍不高。名家所制者，有时釉会细滑、洁白一些。

（三）除瓷片等少数需镶嵌的器物外，绝大部分浅绛彩器的口沿都有一道金边，用金釉涂一圈作装饰，有点类似清初的"酱口"。这道金边很容易剥落，保存至今未见有完整无掉色的。这种装饰似乎也是浅绛彩器所独有。

四、浅绛彩瓷伪制

尽管浅绛彩瓷去今不过百年，但其工艺却失传已久，早在三十年代便告后继无人，现时景德镇亦无人能作浅绛彩，而艺术品市场上价值较高的亦只有程门等几人的作品，因绘画写意笔墨是极难摹仿的，所以浅绛彩几乎不存在新制赝品问题。

但笔者确曾见过程门浅绛彩山水的仿品，用笔较稚拙，构图松散，不具备程门山水"浑厚华滋"的特色，而最大的破绽还在于其书法与程相去甚远，从质地及釉色看似为民初仿品，除程门外未见有其他名家仿作。据闻，近时有人将旧浅绛彩瓷无款者，或带款者将原款擦去，添加上程门等名家款以求善价，但书法终究不像，且程门瓷作上"画印"线条甚为精美，伪作者无此修养，难以仿效，细查便知。

附录：浅绛彩瓷人名录
（以姓氏笔划排列）

马庆云 擅人物，线条作钉头顿挫，类似钱慧安、任伯年，流传作品较多。广东省文物总店藏其咸丰庚申（1860年）所作《加官进爵》大方瓶。

王少维 名廷佐，字少维，以字行。安徽泾县人，活跃于同光之际，擅山水及人物，亦能作肖像，曾任职御窑厂，为浅绛彩名家之一。

王大凡 1888—1961年，名堃，安徽黟县人，景德镇陶瓷馆所编

《瓷都陶瓷艺术家》中称王大凡"早期作浅绛画"。少年时曾拜汪晓棠为师并转攻粉彩，流传作品以粉彩为主。

王　琦　1884—1937年，号碧珍，又号陶迷道人，江西新建人。十七岁到景德镇，学画瓷板像，画仿钱慧安，为"珠山八友"之首，早年所作瓷板肖像逼真传神，民初已名声大噪。

叶巽斋　珠山人，工山水、人物，兼能书法，隶书学《曹全碑》，笔者曾见其光绪甲辰（1904年）所作四方大瓶，现藏广州市文物总店。

仙　槎　工山水、人物，也画金彩与墨彩，流传较多，水平亦高，惜佚其名。广州市文物总店曾藏其金彩小杯。

卉　园　姓名不详，工画花卉。广州市文物店藏其所作《三友图》折枝花卉盆，画风浓艳近张熊、沙山春。

任焕章　字魏山，室名南樵书屋。工绘人物及花鸟，似任伯年一路风格，用笔迅疾而有力，亦工书，仿何绍基行书。

刘芳谷　善人物及篆书，行楷及金文亦挺秀可爱，光绪壬寅（1902年）作有《三星福禄》瓷板（广州私人收藏）。

许达生　生卒不详，工多种画科，以山水及松鹤见长，所绘瓷胎均细腻洁白，为名家之高手，楷书学欧体。

汪友棠　工山水及人物，山水有宋人法度，有《鹊桥会图》瓷板（广州私人收藏）等作品传世。

汪晓棠　1885—1924年，名棣，江西婺源人。擅画仕女，人物体态轻盈。

汪　藩　字介眉，活跃于同光之间，擅人物及花鸟，留传作品较多。

汪　章　字汉云，活跃于光绪至民国初年。工绘多种画科，尤擅仕女及神仙题材，所作人物生动有神，有改琦风貌。

汪照藜　安徽人，工花鸟。光绪丁亥（1887年）作有"拟元人法于乐林室"之鱼藻花鸟纹方瓶，现藏广东省文物总店。

汪永泰　工人物。光绪壬寅（1902年）作有《高士图》方瓶（北京私人收藏）。

何明谷　擅画山水、花鸟。光绪二十年（1894年）作有花鸟小枕（广州私人收藏）。

吴少萍　工人物。同治壬戌（1862年）作有《随园爱砚图》帽筒（佛山私人收藏）。

余鸿宾　工画山水。

余焕文　活跃于同光年间，工画人物仕女及山水。

汪 平 1884—1942 年，字野亭，号传芳居士，江西乐平县人。早期作品受程门一派影响，其中受高心田影响尤多，后改用钴彩绘山水，即流行至今的粉彩青绿山水。

吴待秋 1878—1949 年，原名澂，浙江崇德人，海派画家吴滔之子，工画山水。所绘浅绛瓷清雅淡逸，有乃父之风而清秀过之。

张筱畊 一作小耕、筱耕。生卒不详，约活跃于光绪末年至民国初。工画花鸟及人物。所作有《竹林七贤图》瓷板（景德镇私人收藏）等传世。

李友梅 工花卉、人物。广州欧初先生藏其笔筒，款为"乙酉（1885 年）秋写于昌浦"，人物有清新罗山人笔意。

张 熊 1803—1886 年，字子祥，浙江秀水（今嘉兴）人，海派早期的著名画家。所作花卉瓷板设色丽而不艳，构图密而不繁，为早期浅绛瓷代表人物。

金品卿 名诰，号寒峰山人，安徽黟县人。擅绘浅绛山水及花鸟人物，工行书，宗法二王，为浅绛彩大家之一。

金绍斋 生卒不详，工画山水及仕女。广州市文物店藏有其所作仕女圆瓷板。

罗其昌 工画山水。广州市北园藏其光绪年制《江南水云图》瓷片。

周友松 工画人物。南京博物院藏其光绪七年（1881 年）所作《高士图》大花盆。

俞子明 字静山，室名友竹山房、友竹轩，活跃于同光之间。工画人物与花鸟，又工行书与篆书。所作有大至鱼缸、大瓶，小至小碟，均一丝不苟。绘人物之作品传世较多，人物以神仙题材为主。

欧修余 与王少维同时人，工画山水及人物，曾与王少维合画山水小壶（广州私人收藏）。

胡 嵓 生卒不详，工画人物及婴戏，景德镇陶瓷馆藏其所作《戏金蟾图》帽筒。

胡荣发 工画花鸟。光绪壬辰（1892 年）作有《一鹭高升》瓷板（湛江私人收藏）。

敖少泉 字南洲，工山水人物。光绪丁酉（1897 年）作有《风尘三侠图》瓷板于"赏竹山房"，现藏佛山市博物馆。

高心田 擅长山水人物，流传作品较多。

袁恒兴 工画山水。广州市文物总店藏其宣统辛亥（1911 年）作山水花盆。

黄士陵　1849—1908 年，字牧甫，安徽黟县人，精篆刻金石，为粤派篆刻之祖。早年寓景德镇及南昌，有浅绛书画作品传世，笔致老辣而有金石气。

黄锡光　工仕女人物。广州市文物店藏其美人瓷盆。

梁楚材　工花鸟。无锡市文物店藏其光绪八年（1882 年）所作《绶带图》双耳瓶。

程　门　1833—1908 年前，原名增培，字松生，号雪笠、笠道人，安徽黟县人，浅绛彩绘艺术的集大成者，工多种画科，流传作品较多。

程　言　字次笠，程门子，工画山水人物。

程　盈　字小松，程门子，原名曾盈，一字湘生，擅画仕女，同其父兄均以画瓷为业。

程　荣　参见正文"程盈"条。

程士芬　安徽桂林人，程门弟子，《黟县志》称其山水甚得程门真传。

程素年　黟县人，程门学生，擅长山水。

程　英　字国生，工画人物。光绪癸卯（1903 年）作有《卸甲封王》瓷盆，藏广州市文物店。

程焕文　擅长花鸟、人物，苏州市文物店藏其所作《安居图》帽筒，设色淡雅，有宋人遗意。

焦佩兰　工山水。广州市文物店藏其《高士看山图》盆，款书"丁酉（1897 年）写于昌江客轩"。

喻　春　字子良，擅画山水、花鸟。上海文物店藏其花卉瓷板。

雷桂泉　擅长山水、鞍马人物。广州市文物店藏其写于光绪癸巳（1893 年）的山水人物瓷片，水平不下于程门。

新和氏　名字不详，所作题材多为花卉，工行书，流传作品较多。

筱　峰　工画花卉。

潘匋宇　1887—1926 年，字鼎钧，室名古欢室，号澹湖外史，江西鄱阳人，早年曾画浅绛，后改画高温粉彩。汪野亭、程意亭等人均出其门下。

颜筱云　工画山水。

潘植南　字小山，一字小石，作品多署"小山氏"款，善画花鸟及山水，作品流传较多。

豫盛主人　名字不详。笔者曾见其铺首大瓶一对（湖南省文物店藏），画松鹤及隶书甚工致。

谭玄道人　号竹禅，工画山水。

图　版

1　张　熊
《四清图》
瓷板

纵 39，横 25.8 厘米
题款：暗香生腊序，明月记前身。丙辰仲冬月，张子祥写。
印章款：不辨
　　作于 1856 年，其用笔偏重勾勒，与张熊早期画作风格一致。

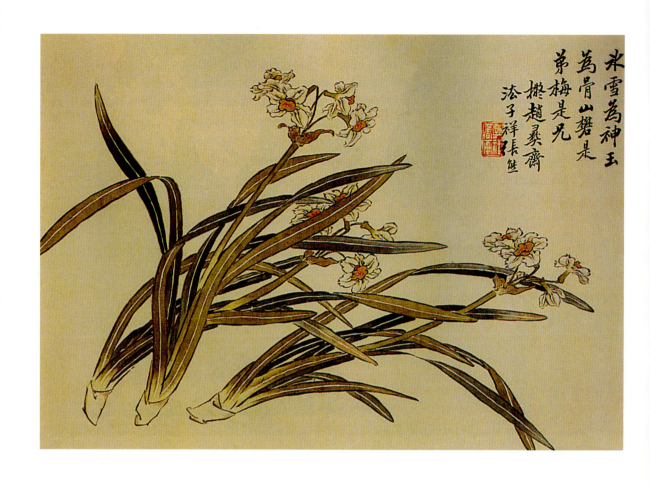

2　张　熊
　花卉册页
（选一开）

纵27，横39厘米，纸本
题款：冰雪为神玉、为骨，山礐是弟梅是兄。拟赵彝斋法，子祥张
　　　熊。
　　　这是张熊1843年所作花卉册页中的一开，与其所作瓷板画风
格相同。

3 程 门
《云山飞瀑》
瓷板

纵 34.5，横 35 厘米

题款：云山妙悟，全在肤寸之间蓊郁而出，真禅家所参最上乘也。
雪笠识。

印章款：笠道人

　　此幅构图稳妥，用笔厚实沉着，是雪笠山水特色。瓷板胎质
为洁白的"米汤底"，题款明显受董其昌画论影响，也证实了程门
是个纯粹的文人画家。

4 程 门
  《水阁松风》
  瓷板

纵 39.8，横 29.8 厘米

题款：闲坐临溪阁，松声飒碧涛。己卯冬杪，雪笠程门写。

印章款：程，门

与上幅一样，程门把绿树丛中的高士画成着红衣，以突出画眼。这在纸绢中比较罕见的设色法，表现了浅绛瓷山水的特别之处。

5 程 门
《水阁纳凉图》
瓷板

纵 29 厘米，宽 26 厘米

篆书款："松生"

　　这是程门以刻瓷法绘制的精品，通过粗细轻重不同的刀法巧
妙表现出仕女衣纹的轻巧与湖石的厚重。图中人物面貌近似改琦，
描划一丝不苟，刀工流畅，具大家风范，是程门罕见的仕女作品。
瓷板所用"米汤釉"属其典型风格。

6 程 门
花卉册页
（选二开）

纵42.2，横25厘米

题款：墨井道人双松图，向藏嵺城金氏卧游园，曾同琴庵、秋原
　　　环观数过，笔法挺秀如是。雪笠背拟其意。

　　这是程门《花卉册页》（今存四开）的二幅，其余两幅画的是
杨柳与梅花。程门在这里指出清初画家吴历（字渔山）对他的影
响，其中"笔法挺秀"一语很能移评雪笠的画。

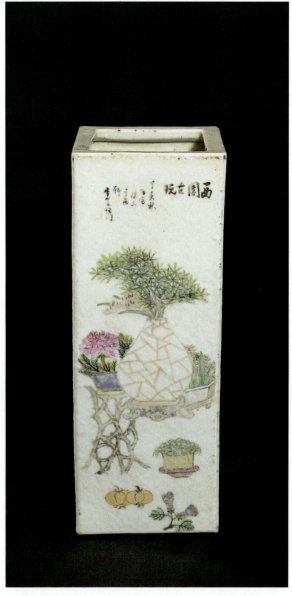

7 程 门
彩绘帽筒

高 28.4 厘米

〈1〉《雨催诗图》题款：应是雨催诗。丁亥秋月写于珠山之西客轩，程门（印章款不辨）。

〈2〉《探梅图》题款：随梅得意。

〈3〉《鹦鹉图》题款：鸟语花香。

〈4〉《岁朝清供》：西园古玩，丁亥秋月写于珠山之西轩，雪笠程门。

这件帽筒展示了程门多方面的技巧，其中《随梅得意》一幅是仅见的人物作品。绿鹦、花卉、清供则是海派最拿手的题材。"应是雨催诗"一图，笔者曾见私人收藏有其横幅瓷板，所题四句，这是最后一句，可见程门比较喜欢这种诗境。

8　程　门

《幽栖琴趣》

花盆

高 17.8 厘米

题款：烟树云山看不了，抱来焦尾末须弹。丁亥新秋，笠道人作。

印章款：松生　底款：筱园珍藏

　　此盆另一侧画瀑布飞流、竹溪闲棹，很有诗意。丁亥为 1887 年，程门是年五十四岁，"筱园"款曾见于香港关氏藏程门花瓶，或是喜爱程氏作品的富户所特制。

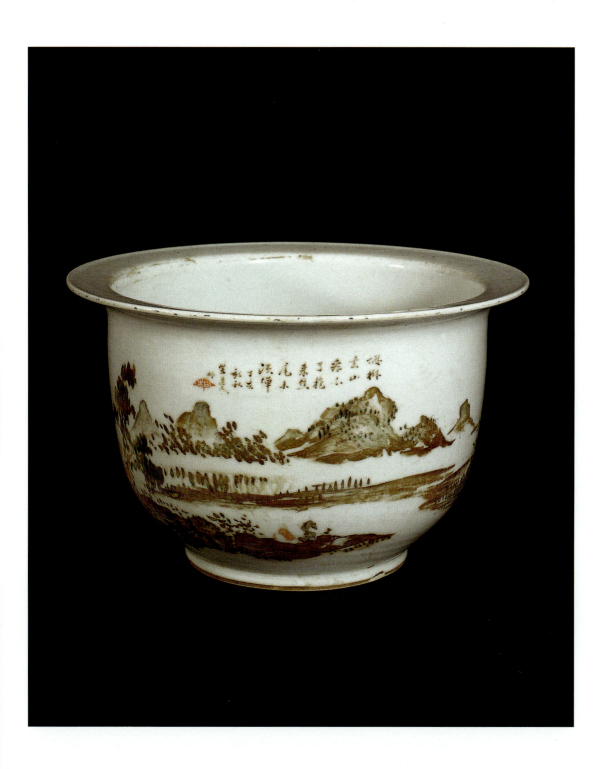

47

9 程曾盈
   《罗浮香梦图》

纵 65.2，横 35.4 厘米，纸本立轴
题款：香雪蔽窗春凉，莺苔绿上岩洞，云巢倩影幽栖，初破罗浮
      薄梦。小香仁兄大人槃正，湘生程曾盈。
印章款：湘生
    "罗浮香梦"的典故见于《龙城录》，在海派画家中屡被用作
画题。画中梅花以简约而抽象的笔触画出，令人想到"不知是雪
是梅花"的诗意。

10　程素年
　　《水村图》
　　瓷板

纵35，横28厘米

题款：云山妙悟，全在肤寸之间蓊郁而出，真禅家所参最上乘也，
　　　程素年。

　　程素年生卒籍贯不详，可能是程门的晚辈。有趣的是，这件作品题款完全抄自程门的《云山飞瀑》，连构图也几乎一样，只是两者在用笔与设色上有高下之别。

11 金品卿
    《茂林修竹》
    瓷板

纵30，横41厘米

题款：茂林修竹，品卿金诰写。

印章款：金诰，品卿

香港关善明先生藏

　　图左上有王太史所写长段题记，作于光绪三年（1877年）。金品卿的山水较接近清初的"四王"一派。

12 金品卿
     《秋葵麻雀》
     瓷盘

直径 25.5 厘米
题款：金品卿
印章款：浩
    金品卿以画动物见长，此盘所画两只麻雀，纤毫毕现，生动逼真，是浅绛瓷画动物的上乘作品。

13 王 震
《拜石图》

纵 105.5，横 82 厘米
吴昌硕题诗

　　米芾拜石故事见于《宋史》，明代已有画家以此作题材。海派画家则用得更多。

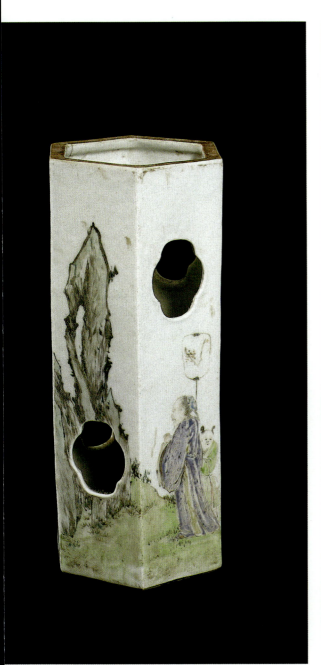

14　王少维
　　《拜石图》
　　帽筒

高 27.8 厘米

题款：癸亥小春月抚曾布臣画意写于珠山东麓之静得所居为（以下磨去），少维王廷佐。

印章款：少，维

　　《拜石图》被帽筒棱角分成三部分，而"开窗"又刚好在巨石之中，令人叹绝。写巨石的笔触清晰可见，人物的表现虽与曾鲸（波臣）画风不类，但也可见王少维向古人学习的用意。

15 王少维
　　《幽居图》
　　方壶

高 7.2 厘米
题款：王少维
印章款：吴人　底款：靠苍阁藏
　　王少维以简略的笔墨营造出这个可游可居的小天地，图中表现远山所用青及褚彩是浅绛彩的一大特色。"吴人"等二印是否少维的籍贯，有待研究。

18　俞子明
　　小碟两款

直径9.5厘米（大），7厘米（小）

题款：（大）夏月作于昌江，子明氏笔。

　　　　（小）仿山人笔意，子明氏

底款：同治

　　"山人"一般指八大山人（朱耷），在清末瓷器中常见有"八大山人"字样。在这方寸天地中俞子明巧妙布置了几种花鸟，有宋人小品的趣味。

19 汪 藩
   《拜石图》
   帽筒

高 28.8 厘米

题款：（正面）洞天一品，辛巳仲冬月写，介眉汪藩并题。（背面）
   石能介性真吾友，竹解虚心是我师。

印章款：之印

　　图中人物衣饰描画细致，纹理刻划入微，在同期作品中是少
见的。令人想到海派"四任"仿陈洪绶（老莲）的人物画风。

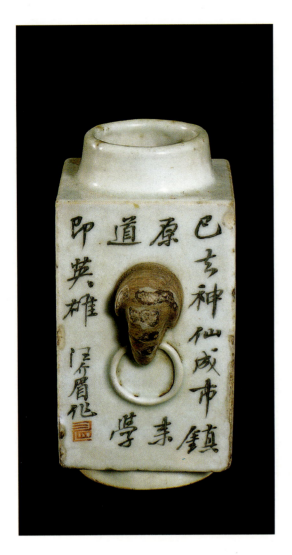

20 汪 藩

《花鸟图》

琮式瓶

高 14 厘米

题款：当时曾此驻英风，千载声名孰与同，介眉氏写。

已去神仙成市镇，原来道学即英雄。汪介眉作。

印章款：眉（双印）

琮式瓶是浅绛彩时期的流行器形，多是一器上两字两画，此瓶两画都隐含"眉寿"的寓意，加上作者号"介眉"，市场商品味颇浓厚。

21　汪友棠
　　《富贵寿考》
　　瓷板

纵 16.5，横 21.5 厘米

题款：富贵寿考，己亥春正月，汪友棠画。

印章款：不辨

　　与程门《随梅得意》比较，可以看出其相似之处，这是汪友棠即汪棣的一个侧面证据（见内文论述）。"富贵寿考"是唐代郭子仪的典故，为海派绘画所常用。

23　许达生
　　《春山图》
　　提梁壶

通高 10 厘米

题款：《盖》一片冰心（身）淡冶真如笑，当春见远山。丙申冬
　　　月，画于珠山客次，许达生。

印章款：作　底款：光绪年制

　　此壶胎质细而薄，在同期作品中罕见。书法学成亲王（永
瑆），置之当时名家亦不逊色。壶盖上书"一片冰心"是当时流行
的一种装饰文字，典出王维《芙蓉楼送辛渐》："一片冰心在玉
壶。"

24　任焕章
　　《松寿图》
　　笔筒

高 14 厘米
题款：己卯冬巍山任焕章写于南樵书屋。
印章款：任氏，焕章　底款：心萱堂印。
　　底款为素胎刻成，为浅绛彩器中仅见。

25　高心田
　　《夏山孤亭》
　　瓷盘

长 23.5，宽 17 厘米
题款：癸卯冬仿竹轩，高心田作。
印章款：不辨

26   高心田
      《杖藜图》
      瓷碟

宽 27.5 厘米
题款：杖藜扶我过桥东，夏月偶写，高心田。
印章款：心，田。
底款：光绪年制。
　　此件作品的重要性在于体现了浅绛彩山水与流行至今以汪野亭为代表的粉彩山水的师承关系。将其与汪野亭同一题材作品相比，从树、石的设色和用笔上均可知出自汪的画法。

27 汪 章
《吹箫仕女图》
瓷盘

长 27.2，宽 21 厘米

题款：时在己丑仲夏，汉云汪章画。

印章款：印

　　浅草绿是纸绢画所不敢多用的颜色，这里却大胆地运用，渲染出春意盎然的意境，人物神态和衣冠的刻画也很成功。

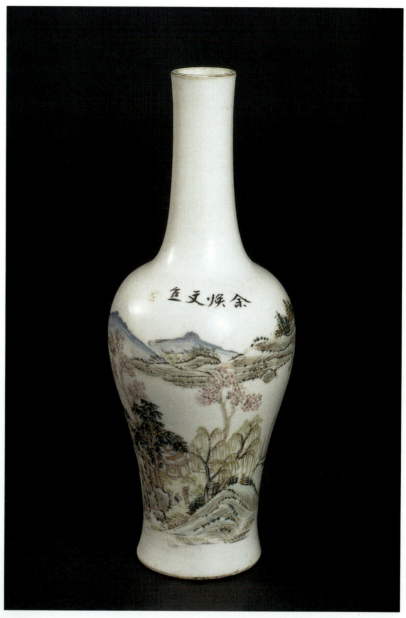

28　余焕文
　　《溪山兰若图》
　　瓷瓶

高 24 厘米
题款：余焕文作。
底款：青花双圈纹
　　此器的器形、底款明显仿古，
但在整个浅绛彩发展史上，仿古
器并不占主流。

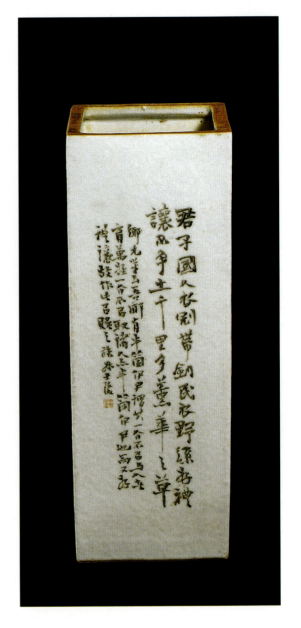

29 黄士陵
    《松寿图》
    帽筒

题款：君子国人，衣冠带剑，民衣野丝，好礼让不争，土千里，多薰华之草。乡先辈云，吾乡有半个伊尹，谓其一介不以与人者。育万侄一介不取诸人，亦半个伊尹也，而又好礼让，故作此以赠之。族叔士陵。

印章款：士陵

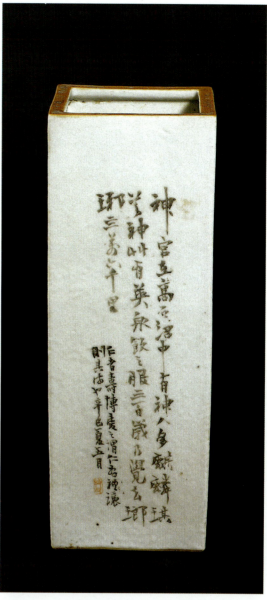

30 黄士陵
　　《椿龄八百图》
　　帽筒

题款：神宫在高石沼中，有神人，多麒麟、琪芝、神草，有英泉，饮之服三百岁，乃觉去瑯瑯四万六千里。仁者寿，博爱之谓仁，好礼让则其流也。辛巳夏五月。

印章款：牧父

　　若不是留下以上两段长长的题款，我们很难相信一代篆刻大师也能画出如此纯熟的浅绛彩瓷画。此瓶保存完好，原一直藏于安徽黟县。"椿龄"典故见《庄子》。黄士陵曾在南昌逗留了相当一段时间，或许就是那时的作品。

31　黄士陵
　　行书信札

这是黄士陵中年所书信札，作于 1886 年前后，与图版 29、30 两件帽筒上的行书如出一辙，黄氏可谓浅绛彩绘名家中最善书者。

32　王　琦
　　《老妇人像》
　　瓷板

纵 49.5，横 33.5 厘米

印章款：长寿，王琦

　　王琦早年的人物肖像画以前从未发现过，这件瓷板上的人物
烘染入微，画印细致，当是早年用心之作，人物面部的刻画技法
比前人又有进步。

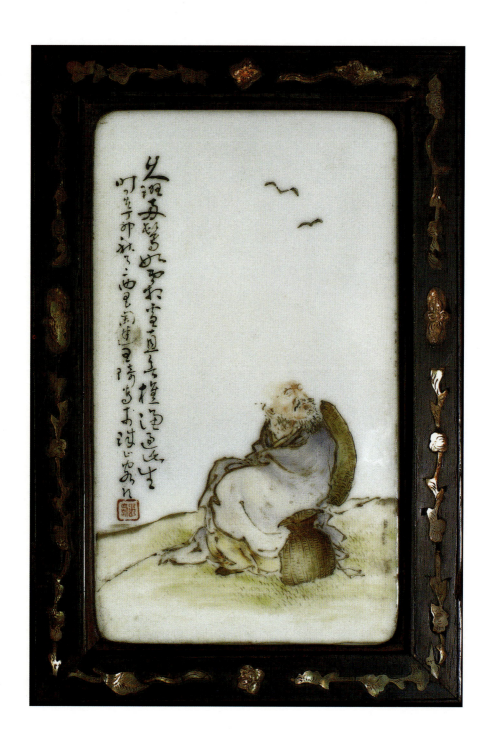

33 王 琦
《盟鸥图》
瓷板

纵 17，横 10 厘米

题款：久斑两鬓如霜雪，直欲樵渔过此生。时在丁卯秋月西昌匋
　　　迷王琦写于珠山客次。

印章款：匋迷

　　王琦晚期作品，用笔与书法都学黄慎，这件瓷板上书法纵横
开合，比起黄慎实在不遑多让，伪作无此修养，一看便知。

34 汪野亭
　《烟雨图》
　瓷瓶

高 27 厘米
底款：汪平野亭
香港关善明藏
　为汪野亭早年作品，用笔比早期名家细密、繁复。

杖藜秋来过桥东

画钩子汪野亭

35　汪野亭
　　《杖藜图》
　　瓷瓶

高 19.4 厘米

香港关善明藏

　　从汪野亭这位粉彩绘名家作品中，可以明显看出受高心田的
影响，尤其是树石用笔及设色都有高氏的影子。

36　吴待秋
　　《夏日山居图》
　　瓷盘

直径 24 厘米
题款：秀山夫子大人清玩，受业吴澂敬赠。
印章款：印
　　这件作品画风较拘谨，字也弱一些，当为其早年所作，构图
有乃父吴滔的影响。

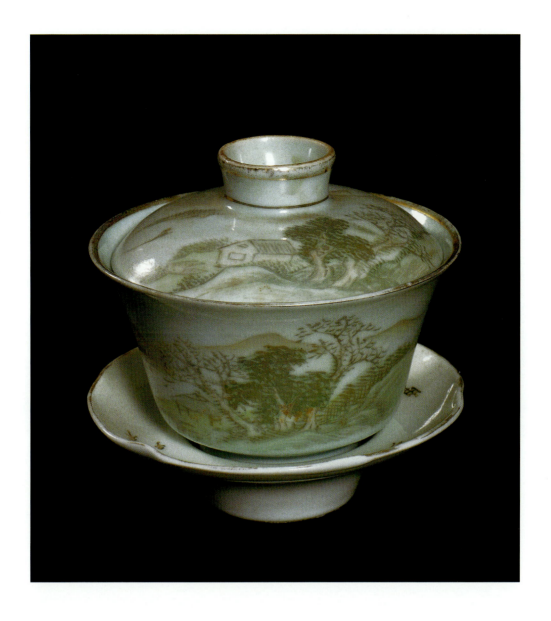

37　**《幽居图》**
　　盖盅

杯高 6.5 厘米

题款：（盖）玉川佳品

　　　　（身）民国七年戊午岳松氏自制

底款：江西瓷业公司（青花）

　　"岳松氏"不知何人，这是他订制的器具，画工说不上优秀，至少与程门时代相比显得程式化、用笔也不具备精神了。

38　王　震
　　《秋实图》
　　小杯

高 5.2 厘米

题款：一双两好，连奎先生文郎燕喜，一亭画，兼巢题。

　　　珠联璧合，连奎先生令郎吉席，王西神题，陆余安堂谨赠。

印章款：沈卫，西神小印，陆

底款：上海新北门秦祥兴出品

　　这件小杯上集海上三位名人王震、沈卫、王西神的手迹，非常罕见，也可见在民国时期书画家画瓷并不是新鲜事物。

39 《枫林夕照图》
　　瓷片

宽 27 厘米
题款：枫林夕照
无款印

42　吟香居士
　　《桃花绿鹦图》
　　棒槌瓶

高 30.2 厘米

题款：时在辛巳之秋月写于昌江之西窗客次，吟香居士。

印章款：不辨。

　　吟香居士书风与画风都比较流动、随意，令人想到朱偁、任伯年的写意花鸟。